きれいを食べる

たっぷり野菜のごちそうレシピ

pmai

KADOKAWA

私が野菜を食べる理由

私の食事は野菜中心です。

なぜ若いのに野菜をそんなにも食べるのですか？

友だちともっとおいしいものを食べたくなりませんか？

こんな質問をよく受けます。今となっては野菜中心の食事は私にとって自然であり、幸せな食生活です。しかし、以前は今のように野菜を食べてはいませんでした。私のまわりには野菜中心の食生活を送っている人はおらず、誰かから影響を受けることもありませんでした。

食生活の転機は、新型コロナウイルスで外出が減っていたとき。
運動不足による体形変化に伴うダイエットがきっかけでした。

食事が大好きで最高の趣味だったからこそ、今までの食生活と向き合い、自分の
からだについて考えました。そして"野菜中心の食事"にたどり着いたのです。

今ではなにを食べたら心地よくなれるかがわかります。そして、野菜を食べて、
からだが喜ぶ感覚を心から楽しめるようになりました。

毎日たくさんの野菜を食べているのは、ヘルシーだからという理由以上のものが
あります。単においしいだけでなく、見た目の美しさ、料理をする楽しさなど、
うれしくなるポイントもさまざま。

野菜料理の魅力。
私たちが本来持ち合わせている"食事を楽しむという心"。

本書が野菜と豊かな食生活ををつなぐ存在になるようにと願いをこめて、レシピ
を考えました。

pmai

contents

Part 1 Appetizer
前菜

Part 2 Soup
スープ

Part 3 Main
メイン

Part 4 Dessert
デザート

野菜料理の魅力

● 見て楽しむ

カラフルな野菜はrainbow（虹）のよう。野菜そのものの美しさ、こんがり焼かれた色など調理中に出会う姿、完成した料理の彩りなど、見ているだけで癒やされます。

● 食材探しを楽しむ

野菜を丸ごと生かす料理だからこそ、食材選びにこだわりたくなります。おいしそうな野菜を探すことで、野菜を見る目が変わってきます。新しい発見もあります。

● 作ることを楽しむ

切って和えるだけ、焼くだけといった手軽なレシピもたくさん。切る音、焼く音に耳を傾けながら、余計なことを考えず野菜が変化する様子を楽しめます。

● 食べることを楽しむ

食感、色み、味など野菜それぞれに魅力があり、調理法によって変化するから楽しみは無限大です。ヘルシー食材なので、おなかいっぱい食べられるのもうれしいポイント。

本書の構成

朝、昼、晩のどの食事にも合わせられるレシピをまとめました。本書の構成は、コース料理を意識したカテゴライズにしています。
PART 1　APPETIZER（前菜）
PART 2　SOUP（スープ）
PART 3　MAIN（メイン）
PART 4　DESSERT（デザート）
各PARTから1つずつ選んで献立を作る、どれか1つだけを作る、もしくはいつもの献立に数レシピとり入れるなど、自由に活用してください。

材料について

・本書に記載している材料は1人分、もしくは作りやすい分量です。「作りやすい分量」と記載しているものは、各自で調整してください。「お好みの量」「適量」とあるものも同様に味を確かめながら調整してください。
・注記がない場合、野菜は皮つきの状態で調理します。
・小さじ1は5㎖、大さじ1は15㎖、「少々」は味見をしながら調整してください。
・しょうゆは濃口、みそは合わせみそを使用しています。
・にんにくの1かけは約10gです。
・ナッツ類は無塩のものを使用しています。
・甘味料はラカントなど、チーズ（ハード系）はチェダーなどお好みのものを使用してください。

作り方について

・加熱時間は火力や調理器具の種類によって変わるため、食材の状態で目安を示している場合もあります。
・電子レンジは600W、オーブンは1000Wを使用しています。これらの調理器具を使用する場合は、加熱しても問題のない耐熱容器やシートを使っています。
・蒸す場合、蒸し器と電子レンジのどちらを使ってもかまいません。
・食材を切る大きさは厳密に記していません。食べやすい大きさでお試しください。
・ごはんは炊いた状態での分量になります。そのほか仕こみや下処理工程を省いているレシピもあります。

その他注意事項

・写真は1人分以上のものもあります。
・写真にある食材でレシピに記載のないものなどは、「分量外」と表記しています。

PART 1 APPETIZER

前菜

まずは野菜をひとつ用意して、シンプルな形でコーディネート。

毎日作りたくなるのはとっても手軽でとってもおいしいから。

キャロットラペ

材料 (1人分)

にんじん … 小 1 本
レーズン … 10g
ナッツ (無塩) 数種 … 10g
＊アーモンド、カシューナッツ、
　くるみなどお好みで。
塩、こしょう … 各少々

A
| オリーブオイル … 大さじ 1
| りんご酢 … 大さじ 1
| 粒マスタード … 大さじ 1
| はちみつ … 小さじ 1
| クミンパウダー … 少々
| シナモンパウダー … 少々

作り方

1　にんじんは千切りにする。

2　ボウルにAを入れて混ぜ合わせる。

3　2に1とレーズン、粗く砕いたナッツを
　　加えて混ぜ合わせ、塩、こしょうで味を
　　ととのえる。

memo

にんじんのみずみずしさをそのまま味わうために、ぜひ作り立てを。

生ズッキーニ

材料（1人分）

ズッキーニ … 1本

A
| オリーブオイル … 大さじ1
| りんご酢 … 大さじ1
| はちみつ … 小さじ1
| 塩、こしょう … 各少々

作り方

1　ズッキーニは縦に細切りにする。

2　ボウルにAを入れて混ぜ合わせる。

3　1と2を和える。

memo

ズッキーニは水分量が多い野菜なので仕上がりがジューシー。

にんじんとごぼうのグリル

材料 （作りやすい分量）

にんじん … 小3本
ごぼう … 3本
オリーブオイル … 適量
塩 … 少々

作り方

1 にんじんとごぼうはよく洗い、スティック状に切る。

2 1を重ならないように天板に並べて、オリーブオイルをまわしかけ、塩を全体にしっかりふる。
   ＊お好みでクミンパウダーやガーリックパウダーなどのスパイスをふってもよい。

3 2を200度に予熱しておいたオーブンで20分焼く。

memo

じっくり火を通すことで甘さが際立つ。スパイスをふるとまた別の味わいに。

ほうれんそうのホットサラダ

材料（1人分）

ほうれんそう … 3株
ナッツ（無塩）数種 … 10g
＊アーモンド、カシューナッツ、
　くるみなどお好みで。
チーズ（ハード系）… 10g
塩、こしょう … 各少々

A〈にんにくトマトオイル〉
　ミニトマト … 5個
　にんにく … 1かけ
　オリーブオイル … 大さじ1
　スパイスシード … 適量
　＊クミンやキャラウェイなどお好みで。

作り方

1　ほうれんそうは適当な大きさにざく切りし、ボウルに張った水に数分さらしてアクを抜く。

2　にんにくトマトオイルを作る。フライパンにオリーブオイルをひいて弱火にかけ、つぶしたにんにく、半分に切ったミニトマト、スパイスシードを入れて数分加熱し、火を止める。

3　2のオイルが入った状態のフライパンにそのままほうれんそうを加え、余熱で温めながら混ぜ合わせる。

4　粗く砕いたナッツ、削ったチーズを散らし、塩、こしょうをふる。

memo

ほうれんそうとオリーブオイルの相性は抜群で、にんにくの風味が効いている。

かぼちゃのサラダ

材料（作りやすい分量）

かぼちゃ … 小1/4個
玉ねぎ … 小1/2個
りんご … 1/4個
ナッツ（無塩）数種 … 10g
＊アーモンド、カシューナッツ、
　くるみなどお好みで。

A

| みそ … 大さじ1
| しょうゆ … 小さじ1
| 酢 … 小さじ1

作り方

1　かぼちゃを竹串が通る程度まで蒸しておく。

2　玉ねぎはみじん切りにし、空気にさらして辛みをとる。りんごはひとくち大のいちょう切りにする。ナッツは粗く砕いておく。

3　かぼちゃに水分がついていたらキッチンペーパーで拭きとり、ボウルに入れてスプーンで形を残しながらつぶす。2とAを加えて混ぜ合わせる。

memo

玉ねぎとりんごのシャキシャキとした食感とかぼちゃのほっくり感がベストマッチ。

ミニトマトのハニーマリネ

材料 (作りやすい分量)

ミニトマト … 約200g
＊写真は赤、黄、オレンジの3種類を使用。

A
| オリーブオイル … 大さじ1
| はちみつ … 大さじ1
| りんご酢 … 大さじ1/2
| ディル … 適量

作り方

1 ミニトマトはへたの反対側から皮に十字の切りこみを入れ、湯むきし(熱湯にさらして皮がめくれたら引き上げ、水につけて皮をむく)、容器に並べておく。

2 ボウルにAを入れて混ぜ合わせ、マリネ液を作る。

3 1に2をまわしかけ、味がなじむまで冷蔵庫で数時間冷やす。

memo

ディルは必須ではないが、風味をよくするので、あればぜひ！

にんじんのガラムマサラ・マヨネーズ和え

材料（1人分）

にんじん … 小1本

A
| 豆乳マヨネーズ … 大さじ2
| ガラムマサラ … 少々
| ＊カレー粉を代用してもよい。
| 塩、こしょう … 各少々

作り方

1 にんじんはよく洗い、ピーラーで薄切り
にする。

2 ボウルにAを入れて混ぜ合わせ、1を加
えてさらに混ぜ合わせる。

＊豆乳マヨネーズは、豆乳ヨーグルト（大さじ
1）、オリーブオイル（大さじ1）、酢（大さじ
1）、粒マスタード（小さじ1）、甘味料、塩、こ
しょう（各少々）を混ぜ合わせて自作できる。

セロリのコリアンダー・マヨネーズ和え

材料（1人分）

セロリ … 1/2本

A
| 豆乳マヨネーズ … 大さじ2
| コリアンダーパウダー … 少々
| 塩、こしょう … 各少々

作り方

1 セロリは0.5cm幅、3〜4cmの千切りに
する。

2 ボウルにAを入れて混ぜ合わせ、1を加
えてさらに混ぜ合わせる。

memo

セロリは千切りにすると、風味と食感が増す。

りんごとさつまいものヨーグルトサラダ

材料（1人分）

りんご … 1/2個
さつまいも … 中1/2本
レーズン … 適量
ミント … 適量

A
| ヨーグルト … 大さじ1
| 豆乳マヨネーズ … 大さじ1
| *作り方はp. 23参照。
| はちみつ … 小さじ1

作り方

1 りんごはひとくち大のいちょう切りにする。さつまいもは竹串が通る程度まで蒸し、りんごより大きめに切る。

2 ボウルにAを入れて混ぜ合わせ、1とレーズンを加えてさらに混ぜ合わせる。

3 器に盛りつけ、ミントを飾る。

memo

甘酸っぱいデザート感覚のサラダ。食感の変化を出すためにカットは大きめに。

焼きトマトと焼きぶどう

材料（作りやすい分量）

トマト … お好みの量
ぶどう（巨峰）… お好みの量
＊お好みの品種を代用してもよい。
オリーブオイル … 適量
塩 … 少々
オレガノ（乾燥）… 適量

作り方

1　トマトは半分に切る。ぶどうはよく洗っておく（皮つきのまま使用）。

2　1を耐熱容器に入れてオリーブオイルをまわしかけ、全体に塩とオレガノをふりかける。

3　2を220度に予熱しておいたオーブンで5分焼く。

memo

ぶどうは皮がはじけるまで加熱すると、とびっきり甘くなる。

なすのバルサミコソース

材料（1人分）

なす … 大1本
イタリアンパセリ … 適量

A〈バルサミコソース〉
| オリーブオイル … 大さじ1
| バルサミコ酢 … 大さじ1
| はちみつ … 小さじ1

作り方

1　なすは6等分（縦長）に薄く切り、グリル（またはフライパン）で両面に焼き色がつくまでじっくり焼く。

2　ボウルにAを入れて混ぜ合わせ、1を加えて和える。

3　器に盛りつけ、ちぎったイタリアンパセリを散らす。

memo

焼き目がついたなすのビジュアルが食欲をそそる。バルサミコソースはいろいろな野菜に合う。

かぼちゃのグリル・ごまソース

材料 （1人分）

かぼちゃ … 中1/4個

A
| 練りごま … 大さじ1
| みそ … 小さじ1
| 豆乳 … 大さじ1

作り方

1　かぼちゃは1cm幅くらいに切り、竹串が通るくらいまでゆでる。

2　1をグリル（またはフライパン）でこんがり焼き色がつくまで焼く。

3　ボウルにAを入れ、混ぜ合わせてソースを作る。器にソースを広げ、2を盛りつける。

memo

かぼちゃの甘さがごまソースと合わさり、まろやかな風味に。

豆腐ディップ

材料（1人分）

木綿豆腐 … 1/2丁
みそ … 小さじ1

作り方

1 ミキサーに木綿豆腐とみそを入れて攪拌^{かくはん}する。

2 スティック状にカットした野菜やバゲット（分量外）につけていただく。

memo

かためのディップがお好みの場合は豆腐を水切り（p. 35参照）するとよい。

オリーブとドライトマトの前菜

材料（1人分）

オリーブ（グリーン・ブラック、
　オイル漬け）… 計8〜10粒
ドライトマト（オイル漬け）… 3個
木綿豆腐 … 1/3丁
雑穀ごはん … 30g
レモン汁 … 大さじ1

作り方

1　オリーブは半分に切る。ドライトマトは
　みじん切りにする。木綿豆腐は水切りし
　て適当な大きさに切る。
　＊豆腐の水切りは、豆腐をキッチンペーパーで包
　　み、重石をのせる。30〜60分が目安。

2　ボウルにオリーブとドライトマト、雑穀
　ごはん、レモン汁を入れて全体をよく混
　ぜ合わせる。

3　器に盛りつけ、木綿豆腐をのせる。

memo

レモン汁をたっぷりかけると、さわやかでおいしい。

豆とパセリのサラダ

材料 （1人分）

ミックスビーンズ
　… 80g（ゆでた状態）
＊青大豆、黒大豆、大豆などお好みで。
紫玉ねぎ … 小1/4個
イタリアンパセリ … 10g
オリーブオイル … 大さじ1
酢 … 大さじ1
はちみつ … 大さじ1/2

作り方

1　ミックスビーンズはゆでておく。紫玉ねぎとイタリアンパセリは粗いみじん切りにする。

2　ボウルにすべての材料を入れ、よく混ぜ合わせる。

memo

パセリの風味と紫玉ねぎの食感を生かしたサラダ。癖になる味。

れんこんと大豆のソテー

材料 （1人分）

れんこん … 100g
蒸し大豆（市販）… 50g
しょうゆ … 大さじ1
バルサミコ酢 … 大さじ1
メープルシロップ … 大さじ1
イタリアンパセリ … 適量

作り方

1 れんこんは食べやすい大きさに切る。

2 フライパンに油（分量外）をひいて中火にかけ、れんこんを入れて炒める。表面がうっすら透き通ってきたら、蒸し大豆、しょうゆ、バルサミコ酢、メープルシロップを加えてれんこんに火が通るまで炒め煮にする。

3 器に盛りつけ、ちぎったイタリアンパセリを散らす。

memo

甘じょっぱい和風ソテー。おかずにもお酒のおつまみにも。

飴色玉ねぎのピサラディエール風

材料（作りやすい分量）

玉ねぎ … 大１個
ブラックオリーブ（オイル漬け）
　… ４〜５個
塩 … 少々
パン（バゲット、丸パン）
　… お好みの量

作り方

1　玉ねぎは薄切りにする。

2　フライパンに油（分量外）をひいて、弱
　火にかける。１を入れて塩をふりかけ、
　飴色になるまで炒める。
　＊玉ねぎの水分をしっかり飛ばすのがポイント。
　　炒める途中でできた焦げ目は木べらでこそぎとっ
　　て使用する。

3　２をパンにぬり、ブラックオリーブをの
　せ、トースターで焼く（焼き加減はお好
　みで）。

memo

ピサラディエールは生地に玉ねぎなどをたっぷりのせて焼いたピザのような南フランスの郷土料理。しっかり加熱
した玉ねぎはとびっきり甘くてうまみたっぷり。

エスニック冷奴

材料（1人分）

木綿豆腐 … 1/2丁
紫玉ねぎ … 中1/2個
パクチー … 10g

A
| 梅干し … 1個
| しょうゆ … 小さじ1
| メープルシロップ … 適量
| 水 … 小さじ1

作り方

1 紫玉ねぎは、薄くスライスし、空気にさらして辛みをとる。パクチーは食べやすい大きさにちぎる。
  ＊紫玉ねぎは繊維に対して垂直に刃を入れる。

2 ボウルにAを入れて混ぜ合わせる。梅干しは種をとり除き、ほぐしてから入れる。

3 木綿豆腐を器に盛り、1をのせて2をかける。

memo

たんぱくな味わいの豆腐は独特な風味のある野菜やソースと合わせやすい。

発芽ナッツ

材料 (作りやすい分量)

生ナッツ (無塩) 数種
… お好みの量
＊アーモンド、カシューナッツ、
　くるみなどお好みで。

作り方

1　ボウルに水を張り、ナッツを入れてひと
　晩つけておく。
　＊すぐに食べきらない場合は、冷蔵庫に入れてお
　　くこと。

2　水を捨ててナッツのみをいただく。
　＊ひと晩以上おく場合は頻繁に水ですすぎ、衛生
　　面に注意すること。

memo

フランスの家庭で教わった食べ方。水につけたナッツは栄養の吸収率が上がり、味もまろやかになるといわれている。

ラディッシュのサラダ

材料（1人分）

ラディッシュ … 2〜3個
＊写真は小サイズ。
ぶんたん … 1/2個
＊オレンジなどの別の柑橘類を
　代用してもよい。
エキストラバージンオリーブオイル
　… 大さじ1
岩塩（塩）… 少々
酢 … 大さじ1
メープルシロップ … 大さじ1/2
イタリアンパセリ … 適量

作り方

1　ラディッシュはスライスする。ぶんたん
　は食べやすい大きさに切って薄皮をとり
　除いておく。

2　器に1を盛りつけ、オリーブオイル、岩
　塩、酢、メープルシロップをそれぞれま
　わしかけ、ちぎったイタリアンパセリを
　散らす。
　＊酢とメープルシロップはお好みで。

memo

エキストラバージンオリーブオイルと岩塩で野菜の味を引き立てる。ラディッシュが辛い場合は、酢をかけておく
と（全体になじむ程度）まろやかになる。

からだを軽くする食事と生活

自分はどういう生活を送りたいのか？

ダイエットを目的にそれまでの食生活と向き合ったときからの永遠のテーマです。
私は食事の楽しみ方について、ずっと考えてきました。

植物性の食事を心から楽しめるようになったのは最近のこと。
ダイエット中は肉や魚など、タンパク質を中心とした食生活を送っていたものの、消
化に時間がかかるうえ、空腹を感じにくいということに気づきました。これでは食事
の喜びも失われてしまいます。そして"自然とおなかがすく感覚"を大事にしたいとい
う思いから消化に着目するように。
そして野菜や果物など、からだにやさしい植物性をメインにした食事を増やすように
なりました。

からだが軽い ── 植物性の食事を続けているとそう感じます。その感覚をうまく表現できないのですが、からだの軽さに慣れると心地よさを感じるようになり、逆に重さを感じるとからだがすぐに反応し、気分が落ちます。食べることは大好きですが、"からだがどういう生活を好むか"に気づけるようになったので、自然と適正量を好むようになりました。

自分に合った量を見極める指標として、「腹八分におさえる」という言葉があります。でも、食いしん坊な私は、いつもおなかいっぱいまで食べてしまうんです。しかし、野菜料理ならたくさん食べてもヘルシー。翌日に消化不良でぐったりすることもありません。

私はおいしいものがとても好きなんです。だから、好きなことをたくさん楽しめる自分でありたかった。そんな中で、自分を満たす野菜中心の生活は私にとても合っていました。

からだに起こったよい変化を感じることが、生活を変えるのに一番だと思っています。自分が心地よいと感じる生活を送っていれば、それがまわりの人にも伝播してポジティブな影響をもたらすものだと信じています。

Part 2 Soup

スープ

あると食卓の特別感が増すスープ。くたくたに煮てみたり、歯ごたえを残してみたり、ポタージュにしてみたり、いろいろな楽しみ方がある。

キャベツのデトックススープ

材料（1人分）

キャベツ … 小1/4個
昆布（乾燥）… 10cm
梅干し … 1個
水 … 200mℓ

作り方

1 キャベツは2cm幅、4～5cmの細切りにする。

2 鍋に水、1と昆布（だし用）を入れて中火にかけ、キャベツがくたっとするまで煮る（圧力鍋で5～10分、鍋で20分～目安）。

3 器に2を盛り、種をとり除いた梅干しをのせ、ほぐしながらいただく。

モロヘイヤと枝豆のスープ

材料（1人分）

モロヘイヤ … 1/2束
枝豆 … 50g（さやからとり出した状態）
玉ねぎ … 小1/2個
塩、こしょう … 各少々
水 … 200mℓ

A
| オリーブオイル … 大さじ1
| にんにく … 1かけ（みじん切り）
| しょうが … 小さじ1（おろし）
| 塩 … 少々
| クミンパウダー … 少々

作り方

1 モロヘイヤは茎のかたい部分をとり除き、みじん切りにする。枝豆はさやのままゆでてむき、半分に切る。玉ねぎはみじん切りにする。

2 鍋に玉ねぎとAを入れて弱火にかけ、玉ねぎがしんなりするくらいまで炒める。

3 2に水、モロヘイヤ、枝豆を加えて沸騰直前まで温め、塩、こしょうで味をととのえる。

浅漬け風スープ

材料（1人分）

にんじん … 中1/3本
だいこん … 中1/4本
万能ねぎ … 適量
糸唐辛子 … 適量

A
　塩麹 … 大さじ1
　酢 … 大さじ2
　水 … 150㎖

作り方

1　にんじんとだいこんはスライサーで薄切りにする。

2　保存容器にAを入れて軽く混ぜ合わせ、1を加えて冷蔵庫でひと晩冷やす。

3　器ににんじんとだいこんの水気を絞って盛りつけ、2のつけ汁を注ぐ。小口切りにした万能ねぎと糸唐辛子を散らし、氷（分量外）を入れる。

memo

しっかり冷やすことで、よりさっぱりといただける。

角切り野菜のスープ

材料（1人分）

にんじん … 中1/2本
玉ねぎ … 中1/2個
セロリ … 1/2本
塩、こしょう … 各少々
ローリエ … 適量
水 … 200mℓ

作り方

1　野菜はすべて1.5cmの角切りにする。

2　鍋に1と水、ローリエを入れて中火にかけ、にんじんがくたっとするまで煮る（圧力鍋で5〜10分、鍋で20分〜目安）。塩、こしょうで味をととのえる。

memo

野菜のうまみを存分に味わえる基本のスープ。

リメイクにんじんポタージュ

材料（1人分）

角切り野菜のスープ … 100mℓ
＊上記のスープを使用。
にんじん … 中1/2本
ごはん … 50g
塩、こしょう … 各少々

作り方

1　にんじんは竹串が通る程度まで蒸しておく。ミキサーに角切り野菜のスープ、にんじん、ごはんを入れて攪拌する。塩、こしょうで味をととのえる。

memo

「角切り野菜のスープ」が余ったらポタージュにリメイク。バゲットにつけていただくのもおすすめ。

ねぎとじゃがいものポタージュ

材料（1人分）

長ねぎ … 1/2本（白い部分のみ）
じゃがいも … 小1個
豆乳 … 100mℓ
塩、こしょう … 各少々
万能ねぎ … 適量
チーズ（ハード系）… 適量
水 … 100mℓ

作り方

1 長ねぎとじゃがいもは、ひとくち大の薄切りにし、竹串が通る程度まで蒸しておく。

2 ミキサーに1と豆乳、水を入れ、お好みのかたさになるまで攪拌する。塩、こしょうで味をととのえる。

3 冷蔵庫で冷やしてから器に盛り、小口切りにした万能ねぎと削ったチーズを散らす。

memo

ヴィシソワーズとも呼ばれる料理。野菜を蒸して保存しておくとすぐに調理できて便利。

根菜と塩麹のスープ
しおこうじ

材料（1人分）

ごぼう … 1/4本
にんじん … 中1/3本
ごま油 … 大さじ1
塩麹 … 大さじ1
水 … 200mℓ

作り方

1　ごぼうとにんじんは1.5cmくらいの乱切りにする。

2　鍋にごま油をひいて中火にかけ、1を入れて火がある程度通るまで炒める。

3　水と塩麹を加え、ごぼうがやわらかくなるまで煮る（圧力鍋で5〜10分、鍋で20分〜目安）。塩麹（分量外）で味をととのえる。

memo

ごぼうとにんじんを皮ごと使用することで、風味がより豊かに。

おあげの和風スープ

材料（1人分）

干ししいたけ … 3個
油あげ … 1/2枚
だいこん … 中1/3本
にんじん … 中1/3本
しょうが … 1/2かけ
昆布（乾燥）… 10cm
しょうが
　… 小さじ1/2（おろし）
塩麹 … 大さじ1

作り方

1　干ししいたけは水（200mℓ以上）で戻し、戻し汁は残しておく。油あげは熱湯で油抜きをしておく。戻した干ししいたけ、油あげ、だいこん、にんじん、しょうがのすべてを細切りにする。

2　鍋に1と干ししいたけの戻し汁200mℓ、昆布（だし用）、おろししょうが、塩麹を入れて中火で煮る（圧力鍋で5〜10分、鍋で20分〜目安）。

3　具材がやわらかくなったら火を止め、塩麹（分量外）で味をととのえる。

memo

油あげと干ししいたけのうまみが溶けこんだスープ。

豆とドライトマトのスープ

材料 (1人分)

乾燥豆 (数種) … 計40g
＊レッドキドニービーンズ、黒豆など
　お好みで。
ドライトマト … 3個
オレガノ (乾燥) … 適量
塩、こしょう … 各少々
チーズ (ハード系) … 適量

作り方

1　ボウルに水 (200mℓ以上) を張り、乾燥
　　豆をひと晩つけておく。つけ汁は残して
　　おく。

2　ドライトマトは細長く切る。鍋に豆、豆
　　のつけ汁200mℓ、ドライトマト、オレガ
　　ノを入れ、中火にかける (圧力鍋で5〜
　　10分、鍋で20分〜目安)。

3　具材がやわらかくなったら火を止め、塩、
　　こしょうで味をととのえる。器に盛り、
　　削ったチーズをのせる。

memo

豆は吸水後、2〜3倍になる。豆をつけた汁にもうまみがあるので、無駄なく活用を。

さつまいもの冷製スープ

材料 （1人分）

さつまいも … 中1/2本
玉ねぎ … 中1/4個
豆乳 … 100mℓ
塩麹 … 大さじ1
シナモンパウダー … 少々
水 … 100mℓ

作り方

1 さつまいもと玉ねぎは適当な大きさに切り、竹串が通る程度まで蒸しておく。

2 ミキサーに1と豆乳、塩麹、シナモンパウダーと水を入れて攪拌する。さつまいもはトッピング用に少し残しておく。

3 冷蔵庫で冷やしてから器に盛り、小さく角切りにしたさつまいもをのせる。

memo

デザート感覚のスープ。シナモンパウダーはお好みで。

ヨーロッパで体感したスローフードカルチャー

スローフードという考え方は、私の食生活を豊かに、楽しいものにしてくれました。

イタリアとフランスを訪れたとき、地元の食材をたっぷり使った料理が食卓に並び、

ゆっくりと食事をする生活を体験。それは心地よく、自分らしくいられる時間でした。

＊スローフードは、おいしく健康的で、環境に負荷を与えず、生産者が正当に評価される食文化を目指す社
　会運動。

バスケットに入った山盛りのフルーツと
パンは食卓でおなじみの光景。

天気がいい日はベランダやテラスで。

フィレンツェのサンタンブロージョ市場で朝ごはん。

「これはなに？」と聞くと、誰もがとっても楽しそうに地元の食材について説明
してくれるのが市場の魅力。

朝の市場でタパスをいただいたとき、「おいしかった」というと「おいしいもの
を食べたらそれだけでいい一日になるね！」ととびっきりの笑顔をくれたマンマ
のことは忘れません。旅の温かい思い出です。

フランスでのホームステイでは「きれいなもので満たされるとはこういうことか」と実感し続けました。

マンマは庭でつんだハーブを搾ってジュースにし、咲いている花をハーブティーに変え、新鮮な野菜でサラダを作ってくれました。テーブルにたくさん並べられたガラス瓶にはナッツがたっぷり入っていて、そこからとり出したナッツをサラダに入れます。こんなに美しい食事の準備を見たことはなく、とても新鮮で魅力的でした。

庭でつんだ花を使ったサラダ。

フランス式モーニング。

ステイ先の家族に振る舞った和食。

PART 3 MAIN

メイン

いろいろな野菜を使うから、食卓にきれいな色が広がる。

ボリューミーだけど、たっぷり食べてもヘルシー。

炒り豆腐とチーズのサラダ

材料（1人分）

木綿豆腐 … 1/2丁
ケール … 5枚
アボカド … 1/2個
トマト … 1個
豆乳チーズ（シュレッドタイプ）
　… 30g
にんにく … 1かけ
しょうゆ … 少々

作り方

1　ケールは細かく切る。アボカド、トマト
　　は小さめの角切りにする。

2　炒り豆腐を作る。鍋を中火にかけ、豆腐
　　を入れてヘラで崩しながら炒る。豆腐の
　　水分が飛んだら、みじん切りにしたにん
　　にくを加えて香りが立つまで炒め、しょ
　　うゆで味をととのえる。

3　大きめのボウルに1と2、豆乳チーズを
　　入れて混ぜ合わせる。

memo

にんにくとしょうゆの風味が加わった豆腐は味わい深い。脂質が高めなのでドレッシングはなし。

豆とりんごのサラダ

材料（1人分）

ミックスビーンズ
　… 80g（ゆでた状態）
＊大豆、黒大豆、赤大豆などお好みで。
りんご … 1/2個
にんじん … 中1/2本
サラダ菜 … 5枚

A
| すりごま … 大さじ1/2
| オリーブオイル … 大さじ1
| りんご酢 … 大さじ1
| はちみつ … 大さじ1/2

作り方

1　ミックスビーンズはゆでておく。りんご
　とにんじんは千切りにする。サラダ菜は
　適当な大きさにちぎる。

2　ボウルにAを入れて混ぜ合わせ、ドレッ
　シングを作る。

3　器に1を盛りつけ、2をまわしかける。

memo

千切りにしたりんごとにんじんのリズミカルな食感を楽しめる。

紅茶のサラダ

材料（1人分）

アボカド … 1/2個
りんご … 1/2個
葉野菜（数種）… 50g
＊ケールやわさび菜などお好みで。

A

| 紅茶 … 大さじ1
＊普段よりしっかり煮だし、
　濃いめにする。
| レモン … 1/2個
| オリーブオイル … 大さじ1
| はちみつ … 大さじ1/2

作り方

1　アボカドはひとくち大に切り、りんごは
　いちょう切りにする。葉野菜は適当な大
　きさに切る。

2　大きめのボウルにAを入れて混ぜ合わせ
　る。レモンは搾ったあとのものをトッピ
　ング用に残しておく。1を加えてさらに
　混ぜ合わせる。ドレッシングに使用した
　レモンを薄く小さく切って散らす。

memo

ドレッシングに使用したレモンをさらに具材として活用。よりさわやかな味わいに。

レモン蕎麦

材料 (1人分)

蕎麦 … 1束
大葉 … 5枚
オリーブオイル … 大さじ1
レモンの皮 … 適量
レモン汁 … 大さじ1
岩塩 (塩) … 少々

作り方

1 蕎麦は表示時間どおりにゆで、冷水でしめておく。大葉は細く切る。

2 器に蕎麦を盛り、オリーブオイルをまわしかけ、岩塩をふる。大葉をのせ、レモンの皮を削りかける。レモン汁を搾りかける。

memo

めんつゆとは違った蕎麦の楽しみ方。大葉とレモンがアクセントに。

チリコンカン

材料（作りやすい分量）

玉ねぎ … 中1個
にんじん … 中1本
にんにく … 1かけ
レッドキドニービーンズ
　… 1缶（固形量約240g）
ダイストマト … 1缶（約400g）
みそ … 大さじ1
メープルシロップ … 大さじ1/2
ガラムマサラ … 大さじ1
チリパウダー … 大さじ1

A
| しょうゆ … 適量
| シナモンパウダー … 少々

作り方

1　玉ねぎとにんじん、にんにくはみじん切りにする。

2　鍋にA以外のすべての材料を入れて中火にかけ、にんじんがくたっとするまで煮る（圧力鍋で5〜10分、鍋で20分〜目安）。

3　しょうゆとシナモンパウダーで味をととのえる。

　　＊バゲット（分量外）にのせていただくのもおすすめ。

memo

野菜の甘みがしっかり出るまで煮こむのがポイント。チリパウダーはお好みで。

紫キャベツとフルーツのサラダ

材料（1人分）

紫キャベツ … 1/4個
ぶんたん … 1個
＊オレンジなどの別の柑橘類を
　代用してもよい。
レーズン … 10g
くるみ … 3個
塩 … 少々

A
| りんご酢 … 大さじ1
| オリーブオイル … 大さじ1
| メープルシロップ … 大さじ1/2

作り方

1　紫キャベツは千切りにする。ぶんたんは
　　食べやすい大きさに切って薄皮をとり除
　　いておく。

2　大きめのボウルにAを入れて混ぜ合わせ、
　　1とレーズン、くるみを加えてさらに混
　　ぜ合わせる。塩で味をととのえる。

memo

紫キャベツのシャキシャキ食感を楽しみたい場合は作り立てを、くたっとした食感がお好みの場合は少し時間をお
いていただくとよい。

そら豆とじゃがいものソテー

材料（1人分）

そら豆 … 100g
＊さやからとり出しておく。
じゃがいも … 中1個
オリーブ（オイル漬け）… 5個
オリーブオイル … 大さじ1
岩塩（塩）… 少々

作り方

1　じゃがいもはひとくち大の乱切りにし、ゆでておく（蒸してもよい）。

2　フライパンにオリーブオイルをひいて中火にかけ、そら豆とじゃがいもを入れて全体がこんがりするまで焼く。

3　器に盛りつけてオリーブを加え、オリーブオイル（分量外）をまわしかけて岩塩をふりかける。

memo

そら豆とじゃがいものホクホクとした食感に、そら豆の薄皮とじゃがいもの皮の香ばしさが加わる。

はくさいとねぎのサラダ

材料（1人分）

はくさい … 1枚
ナッツ（無塩）数種… 10g
＊ひまわりの種、くるみ、
ピーカンナッツなどお好みで。

万能ねぎ … 30g
エディブルフラワー … 適量

A
　オリーブオイル … 大さじ1
　レモン汁 … 大さじ1/2
　はちみつ … 大さじ1/2
　塩 … 少々

作り方

1　はくさいは細かく切る。ナッツは粗く砕く。万能ねぎは小口切りにする。

2　大きめのボウルにAを入れて混ぜ合わせ、1を加えてさらに混ぜ合わせる。

3　器に盛りつけ、エディブルフラワーを散らす。
　＊バゲット（分量外）にのせていただくのもおすすめ。

memo

細かく切ったはくさいの食感と風味を生かしてチョップドサラダ風に。

バルサミコ酢のパスタサラダ

材料（1人分）

パッケリ（パスタ）… 60g
＊ショートパスタを代用してもよい。
ミニトマト … 8個
バジルの葉 … 5枚
フライドごぼう（市販）… 適量

A
| にんにく … 小さじ1/2（おろし）
| バルサミコ酢 … 大さじ1
| オリーブオイル … 大さじ1
| はちみつ … 適量
| 塩 … 少々

作り方

1　鍋でお湯を沸かし、塩（分量外）を入れ、パスタを表示時間どおりにゆでておく。ミニトマトは半分に切る。

2　大きめのボウルにAを入れて混ぜ合わせ、1を加えて軽く混ぜ合わせる。

3　器に盛りつけ、ちぎったバジルの葉、フライドごぼうを散らす。

＊フライドごぼうは食感を出すのが目的。フライドオニオンなどお好みのものを代用してもよい。

memo

和えるだけの簡単パスタ。ほのかな甘酸っぱさが魅力。

豆ごはんのマヨサラダ

材料（1人分）

枝豆ごはん … 100g
＊枝豆1：ごはん2の配分で一緒に炊く。
トマト … 1個
きゅうり … 1/2本
レタス … 5枚
長ねぎ … 10g
フライドごぼう（市販）… 適量
クコの実 … 適量
豆乳マヨネーズ … 大さじ3
＊作り方はp.23参照。

作り方

1 トマト、きゅうり、レタスは食べやすい大きさに切る。長ねぎはみじん切りにし、空気にさらして辛みをとっておく。

2 大きめのボウルに1と冷ました枝豆ごはん、豆乳マヨネーズを入れて混ぜ合わせる。

3 器に盛りつけ、フライドごぼうとクコの実を散らす。

＊フライドごぼうは食感を出すのが目的。フライドオニオンなどお好みのものを代用してもよい。

memo

ヘルシーで食べごたえ十分。自家製豆乳マヨネーズはさまざまな料理に活用できる。

パセリと雑穀米のサラダ

材料 (1人分)

パセリ … 50g
きゅうり … 1/2本
ミニトマト … 5個
紫玉ねぎ … 中1/4個
雑穀ごはん … 80g

A
| レモン汁 … 大さじ1
| オリーブオイル … 大さじ1
| 塩 … 少々

作り方

1 パセリときゅうりは細かく、ミニトマト
  は1/4（小さいものは半分）に切る。紫
  玉ねぎは粗めのみじん切りにする。

2 大きめのボウルにAを入れて混ぜ合わせ、
  1と雑穀ごはんを加えてさらに混ぜ合わ
  せる。

memo

タブレと呼ばれる中東風サラダの雑穀米バージョン。

豆乳冷や汁

材料 （1人分）

きゅうり … 1/2本
みょうが … 1本
大葉 … 5枚
すりごま … 大さじ2
雑穀ごはん … 150g
塩 … 少々

A

| 無調整豆乳 … 200mℓ
| みそ … 小さじ1
| ピーナッツバター … 小さじ1

作り方

1　きゅうりは薄切りにして塩をふり、水気を絞っておく。みょうがと大葉は細切りにしてボウルに入れ、水気を絞ったきゅうり、すりごまを加えて和える。

2　別のボウルにAを入れて混ぜ合わせ、塩で味をととのえる。

3　器に雑穀ごはんを盛り、1をのせて2を注ぐ。

memo

雑穀ごはんを素麺に替えてもおいしい。

きのこと酒粕のグラタン

材料（1人分）

きのこ … 100g
＊まいたけやしめじなどお好みで。
にんにく … 1かけ
豆乳チーズ（シュレッドタイプ）
　… 50g
オリーブオイル … 大さじ1/2
塩 … 少々
米粉 … 適量
＊とろみの調整用。
こしょう … 少々

A
| 豆乳 … 100mℓ
| 酒粕 … 大さじ1
| みそ … 小さじ1
| ナツメグパウダー … 少々

作り方

1　フライパンにオリーブオイルをひいて弱火にかけ、みじん切りにしたにんにく、適当な大きさに切ったきのこを入れる。少し炒めてから塩をふり、きのこがしんなりするまで炒める。

2　1に混ぜ合わせたAを入れ、弱火でとろみが少しつくくらいまで煮る。ゆるい場合は米粉を少しずつ足して調整する。

3　耐熱容器に2を入れて豆乳チーズをのせ、オーブンで表面に焦げ目がつくまで焼く。仕上げにこしょうをふる。

memo

しっかり炒めたきのこは、うまみが凝縮されてそれだけでいただいてもおいしい。酒粕の分量はお好みで調整を。

豆腐と野菜のグラタン

材料 （1人分）

木綿豆腐 … 1/2丁
かぼちゃ、さつまいも
　… 計100〜150g
みそ … 小さじ1
練りごま … 大さじ1
豆乳チーズ（シュレッドタイプ）
　… 50g
乾燥パセリ … 適量

作り方

1 かぼちゃとさつまいもはひとくち大に切り、竹串が通る程度まで蒸しておく（グリルしてもよい）。

2 ミキサーに木綿豆腐、みそ、練りごまを入れて攪拌し、ホワイトソースを作る。
＊練りごまはお好みで。

3 耐熱容器に1を入れて2をかけ、豆乳チーズをのせる。オーブンで表面に焦げ目がつくくらいまで焼く。仕上げに乾燥パセリを散らす。

memo

豆腐で作ったホワイトソースはやさしい風味。

冷たいラタトゥイユ

材料（作りやすい分量）

玉ねぎ … 中1個
なす … 2本
ズッキーニ … 1本
黄パプリカ … 2個
＊ほかの種類を代用してもよい。
ダイストマト … 1缶（約400g）
オリーブオイル … 大さじ2
にんにく … 1かけ
塩 … 少々
ローリエ … 1枚

作り方

1 野菜はひとくち大に切る。

2 フライパンにオリーブオイルをひいて弱
火にかけ、つぶしたにんにくを炒める。
玉ねぎを加え、塩をふり、途中ふたをし
て蒸し焼きにする。火が通ってくたっと
したら、なす、ズッキーニ、黄パプリカ
の順に加えて炒める。
＊野菜を1種類ずつ追加するごとにオリーブオイ
ル（分量外）を足しながら、その都度しっかり
炒める。

3 2にダイストマトとローリエを加えて煮
る。塩で味をととのえて容器に入れる。
粗熱がとれたら冷蔵庫で冷やす。

memo

野菜と塩だけなのにうまみたっぷり。秘訣は野菜を入れるごとにオリーブオイルをまとわせながらしっかり炒める
こと。

ほうれんそうのオレッキエッテ

材料（1人分）

オレッキエッテ（パスタ）… 80g
ほうれんそう … 1株
カシューナッツ … 30g
にんにく … 1かけ
オリーブオイル … 大さじ1
塩 … 少々

作り方

1 ほうれんそうはゆでて、適当な大きさに切る。ゆで汁は残しておく。鍋でお湯を沸かし、塩（分量外）を入れてオレッキエッテを表示時間どおりにゆでておく。

2 ミキサーにほうれんそう、カシューナッツ、にんにく、オリーブオイル、塩を入れて攪拌し、ソースを作る。水分が少ない場合はほうれんそうのゆで汁を少し加える。

3 ボウルにオレッキエッテと2を入れて混ぜ合わせる。

＊お好みでチーズ（ハード系）を削りかけてもよい。

memo

オレッキエッテはイタリアのプーリア州発祥のパスタで、「耳たぶ（＝ Orecchio）」が語源。ほうれんそうは小松菜や菜の花などお好みの野菜を代用してもよい。

カリフラワーのペペロンチーノ

材料（1人分）

カリフラワー … 5房
パスタ（平打ち）… 80g
鷹の爪 … 1本
にんにく … 1かけ
オリーブオイル … 大さじ1と1/2
しょうゆ … 適量
イタリアンパセリ … 5g

作り方

1 鍋でお湯を沸かし、塩（分量外）を入れてパスタを表示時間どおりにゆでる。途中でカリフラワーを加えてゆでる。ゆで汁は残しておく。

2 別の鍋にオリーブオイル、3等分に切った鷹の爪、薄切りにしたにんにくを入れ、弱火で炒める。にんにくの香りが立ってきたら1と少量のゆで汁、みじん切りにしたイタリアンパセリを加えて混ぜ合わせ、しょうゆで味をととのえる。

memo

カリフラワーでボリュームアップ。パスタと一緒にゆでれば時短に。

韓国風ホットサンド

材料 （1人分）

にんじんのガラムマサラ・
　マヨネーズ和え … 80g
＊作り方はp. 23参照。
セロリのコリアンダー・
　マヨネーズ和え … 80g
＊作り方はp. 23参照。
いちごジャム … 大さじ1
食パン（厚さ1.5cm）… 2枚

作り方

1　トースターで食パンをこんがり焼き、1
　枚にいちごジャムをぬる。

2　1ににんじんのガラムマサラ・マヨネー
　ズ和えをのせ、その上にセロリのコリア
　ンダー・マヨネーズ和えをのせ、もう1
　枚の食パンで挟む。

memo

ジャムをたっぷりぬるのが韓国式。意外にもいろいろな野菜に合う。

枝豆のフムス

材料（1人分）

枝豆 … 200g（ゆでた状態）
にんにく … 1かけ
練りごま … 大さじ2
レモン汁 … 大さじ1
クミンパウダー … 少々
氷水（水）… 適量
塩 … 少々

〈トッピング用〉
オリーブオイル … 適量
パプリカパウダー … 適量
乾燥パセリ … 適量

作り方

1 ミキサーにトッピング用以外の材料を
入れて攪拌する。氷水は少しずつ入れ
てかたさを調整する。好みのかたさに
なったら塩で味をととのえる。

2 器に1を広げ、オリーブオイルをまわし
かけ、パプリカパウダー、乾燥パセリを
ふりかける。パン（分量外）につけてい
ただく。

memo

フムスは中東圏で広く食べられている伝統的な家庭料理。ひよこ豆を使い、攪拌するときにオリーブオイルも入れ
るのが主流。脂質を抑えるため、オリーブオイルは最後に回しかけるだけに。

フムスキンパ

材料 (作りやすい分量)

枝豆のフムス … 50g
＊作り方はp. 109参照。
にんじん、ほうれんそう
　… お好みの量
＊お好みの具材を代用してもよい。
雑穀ごはん … 100g
すりごま … 大さじ1
ごま油 … 大さじ1/2
焼き海苔 … 1枚
塩 … 少々

作り方

1 にんじんはスライサーで千切りにし、フライパンに油（分量外）をひいて軽く炒め、水分を飛ばしておく。ほうれんそうはゆでてから5cm程度の長さに切り、ボウルに入れてすりごま、ごま油、塩を加えて混ぜ合わせておく。

2 焼き海苔に雑穀ごはんを広げ、その上に枝豆のフムスと1をのせて巻く。

memo

フムスは植物性タンパク質が豊富で、アレンジ自在な万能ペースト。パンだけでなく、ごはんにも合う。

自分の心のために料理をする

フランスではたくさんのお宅にお邪魔しましたが、そのたびに素敵な食卓に感動させられました。お客さんを迎える準備をしていたわけでもなく、ありのままの姿で、それがとても美しいのです。

フランスでのホームステイ先のキッチン。

フランスでのホームパーティは、参加者みんなが準備をするところから楽しむ。

「今日はパーティをするよ」

そんなときも準備に追われることなく、常に自然体。私も参加し、みんなでワインと
パンを片手におしゃべりを楽しみながらのんびり準備をしました。

普段の食事では、簡単な工夫やちょっとしたこだわりをとり入れるだけ。そしてその
空間を楽しみます。自分の心を喜ばせるのが好きなんだと思います。

心が満たされると、まわりの人にもよい影響を与えます。韓国で生まれ育った母は、自身が好きな韓国料理をよく作り、それを食べるとき、とても幸せそうにしています。私はそれぞれの大好きな料理が並ぶ食卓が楽しくて大好きです。

自分が楽しんでいる姿は、まわりを巻きこむ力になっていると思います。

母の実家では毎日韓国料理が並ぶ。みんなが集まって食事をする
楽しい時間。

PART 4 DESSERT

デザート

計量不要で作れる気楽なおやつが好き。

どれも栄養がとれるから、軽食代わりにもなる。

オートミールグラノーラ

材料 (天板 1 枚分)

オートミール … 約80g
米粉 … 大さじ2
メープルシロップ … 大さじ2
水 … 大さじ2
豆乳 … 適量

A〈トッピング〉
ナッツ (無塩) 数種… 適量
*アーモンド、カシューナッツ、
くるみなどお好みで。
チョコレート (板) … 適量
*適当な大きさに割る。
レーズン … 適量

作り方

1 ボウルに米粉、メープルシロップ、水を入れてとろっとするくらいまで混ぜ合わせる。オートミールを加え、ざっくり混ぜ合わせる。

2 天板にオーブンシートをしき、1を重ならないように広げる。空いたスペースにAのナッツを置く。

3 180度に予熱しておいたオーブンで20分焼く。

4 粗熱がとれたら3と残りのAを混ぜ合わせる。器に盛り、豆乳を注ぐ。

瓶に入れて保存しておくのもおすすめ。

トッピングなしでもおいしい。

オートミールと麹あんこのクッキー

材料 （作りやすい分量）

オートミール … 適量
麹あんこ … 適量
　（オートミールの1/2程度）

＊麹あんこは「発酵あんこ」という名称の
　場合もある。すでに甘みがついている
　ゆであずきを代用してもよい。

作り方

1　ボウルにオートミールと麹あんこを入れ
　てしっかり混ぜ合わせる。

2　1をオーブンシートに薄く広げる。

3　180度に予熱しておいたオーブンで20分
　焼く。

memo

砂糖なしで作れるクッキー。分量は適当でOK！ 油脂が入っていないのでかために仕上がる。

米粉のガトーショコラ

材料 (15cm型 1台分)

米粉 … 50g
米油 … 大さじ1/2
オーツミルク … 100㎖
ココアパウダー … 大さじ2
ベーキングパウダー … 小さじ1/2
メープルシロップ … 大さじ1
プラム … 1/2個
＊お好みの果物を代用してもよい。

作り方

1　ボウルに米油とオーツミルクを入れてよく混ぜる。米粉、ココアパウダー、ベーキングパウダー、メープルシロップを加えてさらによく混ぜる。

2　型に流し入れて半分に切ったプラムをのせ、190度に予熱しておいたオーブンで10〜15分焼く。
　＊焼き時間は型の高さによって調整する。

3　粗熱がとれたら型からとり出す。
　＊型からとり出す前に冷蔵庫で数時間冷やすと、しっとり感が増して形が崩れにくくなる。

memo

油脂を最小限に抑えたケーキ。焼きすぎるとパサつくので注意。

卵を使わないかぼちゃプリン

材料 （作りやすい分量）

かぼちゃ … 100g（ゆでた状態）
オートミール … 大さじ1
メープルシロップ … 大さじ1
オーツミルク … 200㎖
シナモンパウダー … 少々

A〈みたらし餡〉
水 … 大さじ3
しょうゆ … 大さじ1
黒糖 … 大さじ1
片栗粉 … 小さじ1

作り方

1 ミキサーにA以外のすべての材料を入れて撹拌し、鍋に入れる。中火にかけて水分を飛ばし、もったりしてきたら火を止める。

2 型に流し入れ、粗熱がとれたら冷蔵庫で冷やす。

3 鍋にAを入れて弱火でとろみがつくまで加熱し、みたらし餡を作る。2にかけていただく。

memo

プリン自体は甘さ控えめ。みたらし餡はメープルシロップを代用してもおいしい。

焼きいもジェラート

材料（作りやすい分量）

焼きいも … 中1/2本
ココナッツミルク … 200mℓ

作り方

1　ミキサーに焼きいも（皮はとり除く）と
　　ココナッツミルクを入れて攪拌する。

2　型に流し入れて冷凍庫で3〜4時間冷や
　　す。途中で一度とり出してかき混ぜ、空
　　気を含ませると口あたりがよくなる。

memo

甘い焼きいもを使えば砂糖いらず。半解凍の状態でいただくのがおすすめ。

干しりんご・干しいも

材料（作りやすい分量）

りんご（赤・青）… 適量
さつまいも … 適量

作り方

1　りんごは薄く切る。さつまいもは竹串が通る程度まで蒸し、冷ましてから薄く切る。

2　ざるに1を重ならないように並べ、天日干しする。時折引っくり返しながら水分が抜けるまで数日干す。

右側が干しいも。

プラムなどお好みの果物を干せばドライフルーツの完成。

memo

ヘルシーおやつの常備を。温度（気温）が低い時季に行うとよい。

豆乳ヨーグルトのムース2種

材料 （1人分）

豆乳ヨーグルト
　… 約100g（水切り後の状態）
メープルシロップ … 大さじ1
バニラシロップ … 適量

チョコムース
　| ココアパウダー … 大さじ1
　| マーマレード … 大さじ1

練りごまきな粉ムース
　| 練りごま … 大さじ1/2
　| きな粉 … 大さじ1

作り方

1　ボウルに水切りした豆乳ヨーグルト、メープルシロップ、バニラシロップを入れ、よく混ぜ合わせる。

　　＊豆乳ヨーグルトの水切りは、ボウルにザルをのせてキッチンペーパーをしき、その上に豆乳ヨーグルトをのせ、冷蔵庫に置いておく。1〜2時間が目安。

2　1にチョコムース、練りごまきな粉ムースの材料をそれぞれ加えて混ぜ合わせ、冷蔵庫で冷やす。

memo

水切りした豆乳ヨーグルトとココアパウダーやきな粉で立派なデザートに。配分はお好みで。

ゴールデンラテ

材料 （1人分）

オーツミルク … 200mℓ
アガベシロップ … 大さじ1/2
＊ほかの甘味料を代用してもよい。
ターメリック … 少々
シナモンパウダー … 少々

作り方

1 鍋にすべての材料を入れて弱火にかけ、
数分温める。

memo

シナモンパウダーの量はお好みで。冷やしてもおいしい。

朝のスムージー2種

材料（1人分）

グリーンアーモンド
| 小松菜 … 50g
| アーモンド … 5粒
| バナナ … 1本
| オーツミルク … 200mℓ

キャロットアップル
| にんじん … 中1/2本
| りんご … 1個
| しょうがパウダー … 少々
| 水 … 100mℓ

作り方

1　野菜と果物は適当な大きさに切っておく。

2　ミキサーにグリーンアーモンド、キャロットアップルの材料をそれぞれ入れ、撹拌する。

memo

食感が楽しいフレッシュスムージー。朝、作り立てを飲みたい。

食事の楽しみ方は無限大

豊かさを感じるものは人それぞれ。自分がなにに幸せを感じるのかを知ると、より幸せな暮らしを送ることができるようになると思います。

本書で紹介したレシピは、どんな方でも楽しめるように、たくさんの工夫をしました。
料理に時間をかけられない人でも、ゆっくり作りたい人でも、ベジタリアンの人でも、そうでない人でも、健康意識が高い人でも、たくさん食べたい人でも、どなたでも植物性中心の食事を楽しく作れるように、手軽さとこだわりのバランスをとりながらレシピを考えました。
「おいしそうだから食べたい」「すてきだから作りたい」と思ってもらえるように考えた料理は、すべてに愛着があります。

私にとっての"豊かさ"をこの一冊に詰めこみました。それを感じていただき、一緒に楽しんでいただけたらとてもうれしいです。

pmai

pmai（ピーマイ）

早稲田大学在籍。学業と並行して、ヘルシーなライフスタイルクリエイターとして活動。大学2年時にダイエットを経験し、料理と健康の世界に足を踏み入れる。2021年よりフレンチのキッチンで働き、ヘルシーメニューの創作・開発や店舗のマーケティング施策を担当。自身の身体の調子を考え、野菜や植物性の食事を積極的にとるようになる。2023年にフランス、イタリアに足を運び、現地で野菜豊富なスローフードカルチャーを学んでとりこになる。食事を楽しむ心を重視しており、豊かでありながら身体にやさしい暮らしの楽しみ方を発信中。

Instagram：https://www.instagram.com/pmai_diet/
YouTube：https://www.youtube.com/@pmai_diet
TikTok：https://www.tiktok.com/@pmai_diet/

撮影　　　柿崎真子
デザイン　三上祥子（Vaa）
校正　　　鷗来堂
編集　　　セトオドービス
編集担当　伊藤瑞華（KADOKAWA）

きれいを食べる
たっぷり野菜のごちそうレシピ

2023年10月19日　初版発行

著者　　　pmai

発行者　　山下 直久

発行　　　株式会社KADOKAWA
　　　　　〒102-8177　東京都千代田区富士見2-13-3
　　　　　電話　0570-002-301（ナビダイヤル）
印刷所　　図書印刷株式会社
製本所　　図書印刷株式会社

● お問い合わせ
https://www.kadokawa.co.jp/
（「お問い合わせ」へお進みください）
＊内容によっては、お答えできない場合があります。
＊サポートは日本国内のみとさせていただきます。
＊Japanese text only

定価はカバーに表示してあります。

©pmai 2023　Printed in Japan
ISBN 978-4-04-606290-1　C0077